AF871685

Camino a la Recuperación

Cuaderno de Trabaio para Superar la Adiceion al Juego

James Martinez MS, LCADC, ISATP, CAADC, CASAC-II, ICGC

Stress Free Recovery LLC

Camino a la Recuperación

Cuaderno de Trabajo para Superar la Adicción al Juego

James Martinez MS, LCADC, LSATP, CAADC, CASAC-II, ICGC

Stress Free Recovery LLC

Un recurso culturalmente sensible para la comunidad hispana y latina

Aviso importante:

Este cuaderno de trabajo es un recurso educativo y terapéutico. No sustituye el tratamiento profesional de salud mental. Si usted o alguien que conoce está en crisis, comuníquese con un profesional de salud mental o llame a la Línea Nacional de Ayuda para el Juego Problemático: 1-800-522-4700 (disponible en español).

Tabla de Contenidos

Introducción

Carta de Bienvenida

Estimado/a participante:

Antes que nada, quiero felicitarle por su valentía. El simple hecho de que usted tenga este cuaderno de trabajo en sus manos significa que ha dado un paso extraordinariamente importante: ha decidido enfrentar la adicción al juego y buscar un camino diferente para su vida. Eso requiere un coraje que no todos tienen, y merece ser reconocido.

En **Stress Free Recovery LLC**, comprendemos que la adicción al juego de azar — la ludopatía — es una enfermedad real que afecta a millones de personas en todo el mundo, incluyendo a nuestra querida comunidad hispana y latina. Sabemos que el juego problemático no es una cuestión de debilidad moral ni de falta de voluntad. Es un trastorno reconocido por la comunidad médica que requiere tratamiento, apoyo y herramientas concretas para superarlo.

Este cuaderno de trabajo fue creado pensando especialmente en usted. Hemos diseñado cada ejercicio, cada reflexión y cada herramienta teniendo en cuenta los valores que nos unen como comunidad: el amor por la **familia**, el **respeto** mutuo, la fuerza de nuestra **comunidad**, la importancia de nuestra **espiritualidad** y las relaciones cálidas y personales que nos caracterizan.

La recuperación no es un camino que se recorre solo. Usted cuenta con su familia, su comunidad, su terapeuta y los profesionales de Stress Free Recovery LLC para acompañarle en cada paso. Juntos, podemos construir una vida libre de la esclavitud del juego — una vida donde usted recupere su paz, su dignidad financiera, y sobre todo, la confianza de quienes más ama.

Recuerde: la recuperación es posible. Miles de personas lo han logrado antes que usted, y usted también puede lograrlo.

Con respeto y esperanza,

James Martinez, MS, LCADC, LSATP, CAADC, CASAC-II, ICGC

CEO/Stress Free Recovery LLC

Familia latina unida demostrando resiliencia y apoyo mutuo

La familia es el pilar más fuerte en el camino hacia la recuperación.

Cómo Usar Este Cuaderno de Trabajo

Este cuaderno ha sido diseñado para ser su compañero durante el proceso de recuperación. A continuación, encontrará algunas recomendaciones para aprovecharlo al máximo:

- **Trabaje a su propio ritmo.** No hay prisa. Cada persona tiene un proceso diferente. Lo importante no es la velocidad, sino la honestidad y la consistencia. Puede completar un módulo por semana o avanzar más despacio según lo necesite.
- **Úselo junto con sus sesiones de terapia.** Este cuaderno complementa el trabajo que realiza con su terapeuta. Traiga sus respuestas y reflexiones a las sesiones para profundizar en los temas que más le impacten.
- **Sea honesto/a consigo mismo/a.** Las hojas de trabajo y los ejercicios solo funcionan si usted responde con sinceridad. Nadie más tiene que ver sus respuestas a menos que usted lo decida. Este es un espacio seguro para explorar sus pensamientos y emociones.
- **Comparta con personas de confianza.** Si se siente cómodo/a, comparta partes de este cuaderno con familiares o amigos de confianza. El apoyo de los seres queridos es fundamental en la recuperación.
- **Use los espacios de reflexión para escribir libremente.** La escritura terapéutica es una herramienta poderosa. Cuando encuentre líneas en blanco, utilícelas para expresar lo que siente, lo que piensa y lo que desea para su futuro.
- **No se juzgue.** Si encuentra preguntas difíciles o siente emociones intensas, eso es normal y es parte del proceso. Sea compasivo/a consigo mismo/a, como lo sería con un ser querido que estuviera pasando por lo mismo.
- **Regrese a los ejercicios cuando lo necesite.** Este cuaderno no es de un solo uso. Vuelva a las secciones que le fueron más útiles cada vez que lo necesite.

📝 Materiales que necesitará

Un bolígrafo o lápiz, un lugar tranquilo para reflexionar, y la disposición de ser honesto/a consigo mismo/a. Si lo desea, puede también tener a mano un cuaderno adicional para escritura libre.

Nota sobre Sensibilidad Cultural

Este cuaderno de trabajo fue desarrollado con un profundo respeto por la riqueza cultural de la comunidad hispana y latina. Reconocemos que la cultura no es solo un contexto — es una fuente de fortaleza que puede impulsar la recuperación. Por eso, hemos integrado los siguientes valores culturales en cada módulo:

Valor Cultural	Descripción y Aplicación en la Recuperación
Familismo	La familia es el centro de nuestra vida. En la recuperación, la familia puede ser la motivación más poderosa para el cambio y la fuente de apoyo más importante. Este cuaderno incluye ejercicios que involucran a la familia en el proceso.
Personalismo	Valoramos las relaciones cálidas y personales. La recuperación se fortalece cuando existe una conexión genuina entre el terapeuta y el cliente, basada en confianza y calidez humana.
Respeto	El respeto y la dignidad son fundamentales en nuestra cultura. Este cuaderno utiliza el tratamiento de "usted" y reconoce la dignidad inherente de cada persona, independientemente de su lucha con la adicción.

Valor Cultural	Descripción y Aplicación en la Recuperación
Espiritualidad	Para muchos en nuestra comunidad, la fe y la espiritualidad son fuentes de fortaleza. Este cuaderno respeta e integra la dimensión espiritual como recurso legítimo para la recuperación, sin imponer ninguna creencia específica.
Comunidad	Somos parte de una comunidad. La recuperación se fortalece cuando nos conectamos con otros que entienden nuestra experiencia. Los grupos de apoyo, la iglesia, y los vecinos pueden ser aliados valiosos.

A lo largo de este cuaderno, encontrará *dichos* — proverbios y refranes de nuestra cultura — que ofrecen sabiduría para el camino de la recuperación. Estos dichos nos recuerdan que nuestros antepasados ya conocían muchas de las verdades que la ciencia moderna confirma sobre el cambio y la resiliencia humana.

Nota importante

Reconocemos la gran diversidad dentro de la comunidad hispana y latina. No todas las personas se identifican con cada uno de estos valores de la misma manera, y eso está bien. Tome lo que le sea útil y adáptelo a su propia experiencia cultural y personal.

Comprendiendo la Adicción al Juego

1.1 ¿Qué es la Adicción al Juego?

La adicción al juego de azar — también conocida como **ludopatía**, **juego patológico** o **trastorno por juego de apuestas** — es una enfermedad reconocida por la comunidad médica internacional. El *Manual Diagnóstico y Estadístico de los Trastornos Mentales* (DSM-5) clasifica el trastorno por juego de apuestas como un trastorno adictivo, en la misma categoría que las adicciones a sustancias.

Esto es importante porque significa que la adicción al juego **no es** una falta de voluntad, un defecto moral, ni una debilidad de carácter. Es un trastorno que afecta la forma en que el cerebro procesa las recompensas, el placer y el control de impulsos.

¿Cómo se desarrolla la adicción al juego?

El cerebro humano tiene un sistema de recompensa que libera dopamina — una sustancia química asociada con el placer — cuando experimentamos algo agradable. El juego de azar activa este sistema de manera intensa e impredecible. Cada vez que una persona juega, el cerebro recibe una descarga de dopamina, especialmente durante los momentos de anticipación ("¿ganaré esta vez?").

Con el tiempo, el cerebro se adapta a estos niveles elevados de dopamina y necesita más estimulación para sentir el mismo placer. Esto lleva a la persona a jugar con más frecuencia, apostar cantidades más grandes, y buscar formas más intensas de juego. Así es como una actividad que comenzó como diversión se convierte en una necesidad incontrolable.

Tipos de juego de azar

- **Casinos:** máquinas tragamonedas, ruleta, blackjack, póker

- **Lotería:** boletos de lotería estatal, raspaditos (scratch-offs)
- **Máquinas tragamonedas:** en casinos, bares, tiendas
- **Apuestas deportivas:** fútbol, béisbol, boxeo, carreras de caballos
- **Juegos en línea:** casinos virtuales, apuestas por internet, aplicaciones de juego
- **Bingo:** en iglesias, centros comunitarios, salones de bingo
- **Juegos de cartas por dinero:** partidas informales entre amigos o familiares
- **Peleas de gallos y otros juegos culturales:** apuestas en eventos tradicionales

Mitos y realidades sobre la adicción al juego

✕ **Mito**	✓ **Realidad**
"El juego solo es un problema si no puedes pagarlo."	La adicción al juego no depende del nivel de ingresos. Personas de todos los niveles socioeconómicos pueden desarrollar problemas con el juego.
"Si juego lo suficiente, eventualmente voy a ganar y recuperar lo perdido."	Las probabilidades siempre favorecen a la casa. Cuanto más se juega, más se pierde. Es matemáticamente imposible ganar a largo plazo.
"Solo las personas débiles se vuelven adictas al juego."	La adicción al juego es un trastorno cerebral que puede afectar a cualquier persona, independientemente de su fuerza de carácter, inteligencia o posición social.
"Los jugadores problemáticos juegan todos los días."	Un jugador problemático puede jugar esporádicamente pero causar daños significativos cada vez que juega. La frecuencia no define el problema; las consecuencias sí.

✗ Mito	✓ Realidad
"Ayudar a un jugador con sus deudas resolverá el problema."	Pagar las deudas de un jugador sin abordar la adicción subyacente generalmente permite que el problema continúe o empeore.
"Tengo un sistema para ganar — sé cuándo la máquina va a pagar."	Los resultados del juego son aleatorios. Las máquinas tragamonedas usan generadores de números aleatorios. No existen patrones predecibles ni sistemas que funcionen.
"La lotería es diferente — no es realmente juego de azar."	La lotería es una forma de juego de azar con probabilidades extremadamente bajas de ganar. Puede ser igualmente adictiva que otras formas de juego.
"Los hispanos no tienen problemas con el juego — es solo diversión cultural."	Estudios indican que la comunidad hispana/latina presenta una tasa de prevalencia de juego problemático de aproximadamente el 8%, más alta que la población general. El estigma cultural puede impedir que se busque ayuda.

Factores culturales en la comunidad hispana y latina

Es importante reconocer que existen factores culturales y sociales que pueden hacer a nuestra comunidad más vulnerable a los problemas con el juego:

- **El juego como actividad social:** En muchas familias y comunidades latinas, los juegos de azar (lotería, cartas, quinielas deportivas) son parte de las reuniones sociales. Esto puede normalizar el comportamiento del juego y dificultar el reconocimiento de cuándo se convierte en un problema.
- **Presión del machismo:** Para algunos hombres latinos, el juego puede estar vinculado a expectativas de masculinidad — ser "valiente", asumir riesgos, y demostrar éxito financiero. Admitir un problema con el juego puede sentirse como una amenaza a la identidad masculina.

- **Estrés financiero y de inmigración:** Las presiones económicas, el estrés migratorio, la nostalgia por el país de origen, y las barreras lingüísticas pueden crear un terreno fértil para buscar escape en el juego.
- **Estigma y vergüenza:** La vergüenza cultural puede impedir que las personas busquen ayuda, especialmente cuando el juego ha causado problemas financieros que afectan a toda la familia.
- **Accesibilidad:** La proliferación de casinos, máquinas tragamonedas en tiendas de barrio, y las apuestas en línea ha aumentado la accesibilidad del juego en comunidades latinas.

1.2 La Cadena del Juego

La adicción al juego sigue un ciclo predecible que se repite una y otra vez. Comprender este ciclo es el primer paso para romperlo. A continuación se presenta la **Cadena del Juego** — el ciclo que atrapa a los jugadores problemáticos:

Paso	Etapa del Ciclo	Descripción
1	**DISPARADOR**	Algo provoca el deseo de jugar: estrés, un día de pago, pasar cerca de un casino, una discusión familiar, aburrimiento, o incluso una celebración.
2	**IMPULSO / URGENCIA**	Se intensifica el deseo de jugar. Comienzan pensamientos como "solo una vez", "esta vez será diferente", "necesito recuperar lo que perdí".
3	**CONDUCTA DE JUEGO**	La persona cede al impulso y juega. Puede comenzar con una cantidad pequeña, pero frecuentemente escala. Pierde la noción del tiempo y el dinero gastado.
4	**CONSECUENCIAS**	Pérdidas financieras, mentiras a la familia, faltar al trabajo, deudas acumuladas, relaciones dañadas.

Paso	Etapa del Ciclo	Descripción
5	**CULPA Y VERGÜENZA**	Sentimientos intensos de culpa, vergüenza, fracaso y desesperación. Promesas de "nunca más". Autocastigo emocional.
6	**ESCAPE**	El malestar emocional se vuelve insoportable. La persona busca alivio — y el juego vuelve a presentarse como una vía de escape. El ciclo se reinicia.

La meta de este cuaderno es ayudarle a identificar en qué parte del ciclo se encuentra y darle herramientas para romperlo en cada etapa.

1.3 Hoja de Trabajo: Mi Historia con el Juego

Tómese su tiempo para reflexionar sobre las siguientes preguntas. Sea lo más honesto/a posible. Sus respuestas son confidenciales y le ayudarán a comprender mejor su relación con el juego.

1. ¿Cuándo comenzó mi relación con el juego de azar?

2. ¿Qué tipo(s) de juego practico o practicaba?

3. ¿Con qué frecuencia juego o jugaba? (diario, semanal, mensual)

4. ¿Cuánto dinero he gastado aproximadamente en el juego de azar?

5. ¿Cómo ha afectado el juego a mi familia?

6. ¿Cómo ha afectado el juego a mi trabajo o situación laboral?

7. ¿Cómo ha afectado el juego a mi salud emocional y física?

8. ¿He intentado dejar de jugar antes? Si es así, ¿qué pasó?

9. ¿Qué fue lo que finalmente me motivó a buscar ayuda?

10. ¿Qué espero lograr con este cuaderno de trabajo?

1.4 Ejercicio de Reflexión: Mitos Culturales sobre el Juego

Reflexione sobre las siguientes afirmaciones y escriba sus pensamientos:

"En mi cultura, el juego de azar se ve como..."

"Mi familia piensa que el juego es..."

"El dicho 'la suerte no se busca, ella te encuentra' me hace pensar..."

"Las creencias culturales que han influido en mi manera de ver el juego son..."

"Lo que ahora entiendo diferente sobre el juego es..."

> "No todo lo que brilla es oro."
>
> — Dicho popular hispano

Autoevaluación y Aceptación

2.1 Evaluación Personal

Las siguientes preguntas le ayudarán a evaluar la gravedad de su relación con el juego de azar. Responda con honestidad marcando **Sí** o **No** para cada pregunta. Esta evaluación es solo un punto de partida — no sustituye una evaluación profesional.

#	Pregunta	Sí	No
1	¿Ha sentido la necesidad de apostar cantidades de dinero cada vez más grandes para lograr la emoción deseada?	☐	☐
2	¿Se ha sentido inquieto/a o irritable cuando ha intentado reducir o dejar de jugar?	☐	☐
3	¿Ha hecho repetidos esfuerzos sin éxito para controlar, reducir o dejar de jugar?	☐	☐
4	¿Se preocupa frecuentemente por el juego (reviviendo experiencias pasadas, planificando la próxima vez, pensando en formas de conseguir dinero para jugar)?	☐	☐
5	¿Juega frecuentemente cuando se siente angustiado/a (ansioso/a, culpable, deprimido/a, impotente)?	☐	☐
6	Después de perder dinero jugando, ¿suele volver otro día para intentar recuperar lo perdido ("persiguiendo las pérdidas")?	☐	☐

#	Pregunta	Sí	No
7	¿Ha mentido para ocultar cuánto juega o cuánto ha perdido?	☐	☐
8	¿Ha puesto en peligro o perdido una relación importante, un trabajo, o una oportunidad educativa debido al juego?	☐	☐
9	¿Ha dependido de otros para que le den dinero para aliviar una situación financiera desesperada causada por el juego?	☐	☐
10	¿Ha cometido actos ilegales como falsificación, fraude o robo para financiar el juego?	☐	☐

Guía de Puntuación

0 respuestas "Sí": Sin indicios de problemas con el juego.

1–3 respuestas "Sí": Posible juego en riesgo. Se recomienda monitoreo y prevención.

4–6 respuestas "Sí": Probable juego problemático. Se recomienda evaluación profesional.

7–10 respuestas "Sí": Alta probabilidad de trastorno por juego de apuestas. Se recomienda tratamiento profesional inmediato.

Mi puntuación: _____ respuestas "Sí"

Lo que esta puntuación significa para mí:

2.2 Las Consecuencias del Juego en Mi Vida

Complete la siguiente tabla identificando las consecuencias específicas que el juego ha tenido en cada área de su vida. Sea lo más específico/a posible.

Área de Mi Vida	**Consecuencias Específicas que He Experimentado**
Financieras *(deudas, pérdidas, crédito)*	
Familiares *(conflictos, desconfianza, separación)*	
Emocionales *(vergüenza, ansiedad, depresión)*	
Laborales *(ausencias, bajo rendimiento)*	
Sociales *(aislamiento, pérdida de amistades)*	
Legales *(problemas con la ley)*	
De Salud *(insomnio, estrés, uso de sustancias)*	

2.3 Ejercicio: La Balanza del Cambio

El cambio comienza cuando las razones para cambiar pesan más que las razones para seguir igual. Complete los cuatro cuadrantes con honestidad:

SEGUIR JUGANDO

Ventajas de seguir jugando:

Desventajas de seguir jugando:

DEJAR DE JUGAR

Ventajas de dejar de jugar:

Desventajas de dejar de jugar:

Después de completar la balanza, ¿hacia dónde se inclina?

2.4 Mi Escala de Disposición al Cambio

El cambio es un proceso que ocurre por etapas. Identifique en qué etapa se encuentra usted hoy:

Nivel	Etapa	Descripción
1–2	Precontemplación	"No creo que tenga un problema con el juego." / "No necesito cambiar nada."
3–4	Contemplación	"Tal vez tengo un problema, pero no estoy seguro/a de querer cambiar." / "Estoy pensando en hacer algo al respecto."
5–6	Preparación	"Sé que tengo un problema y estoy listo/a para hacer algo." / "Estoy buscando opciones y haciendo planes para cambiar."
7–8	Acción	"Estoy tomando pasos concretos para dejar de jugar." / "Estoy en tratamiento y trabajando activamente en mi recuperación."
9–10	Mantenimiento	"He dejado de jugar y estoy trabajando para mantener mi recuperación." / "Estoy construyendo una nueva vida sin el juego."

Hoy me encuentro en el nivel: _____

¿Qué necesito para avanzar al siguiente nivel?

> "El primer paso para salir del hoyo es dejar de cavar."
>
> — Dicho popular hispano

Identificando Mis Disparadores

3.1 Tipos de Disparadores

Un **disparador** es cualquier cosa — una emoción, una situación, un pensamiento, una persona o un lugar — que provoca el deseo de jugar. Aprender a identificar sus disparadores es esencial para prevenir recaídas. Los disparadores se clasifican en las siguientes categorías:

Tipo de Disparador	Ejemplos
Emocionales	Soledad, estrés, aburrimiento, frustración, tristeza, ansiedad, ira, e incluso emociones positivas como celebración o euforia.
Situacionales	Pasar por un casino o tienda de lotería, recibir el cheque de pago, tener dinero en efectivo, eventos deportivos, fines de semana largos, vacaciones.
Sociales	Amigos que juegan, presión social, reuniones familiares donde se juega, invitaciones a casinos, ver a otros ganar.
Cognitivos	Pensamientos como "esta vez ganaré", "solo voy a jugar un poquito", supersticiones sobre números o rituales de la suerte, recuerdos de ganancias pasadas.
Físicos	Cansancio extremo, hambre, dolor crónico, insomnio, efectos de sustancias (alcohol aumenta significativamente el riesgo).

Tipo de Disparador	Ejemplos
Culturales	Estrés migratorio, nostalgia por el país de origen, discriminación, presión económica por enviar remesas, sensación de no pertenecer, barreras del idioma.

3.2 Hoja de Trabajo: Registro de Disparadores

Use esta tabla durante las próximas dos semanas para registrar cada vez que sienta un impulso de jugar. No necesita haber jugado — registre también los impulsos que logró resistir. Este registro le ayudará a identificar patrones.

Fecha / Hora	Situación	Emoción (1-10)	Pensamiento	Impulso (1-10)	¿Qué hice?	Resultado

Fecha / Hora	Situación	Emoción (1-10)	Pensamiento	Impulso (1-10)	¿Qué hice?	Resultado

---

3.3 Mapa de Mis Disparadores Personales

Clasifique sus disparadores personales según su nivel de riesgo. Escriba al menos 5 disparadores en cada categoría:

● Alto Riesgo

1. ______________________________
2. ______________________________
3. ______________________________
4. ______________________________
5. ______________________________
6. ______________________________

▯ Riesgo Moderado

1. ______________________________
2. ______________________________
3. ______________________________
4. ______________________________
5. ______________________________
6. ______________________________

▯ Bajo Riesgo

1. ______________________________
2. ______________________________
3. ______________________________
4. ______________________________
5. ______________________________
6. ______________________________
7. ______________________________

● Alto Riesgo ▢ Riesgo Moderado ▢ Bajo Riesgo

7. ______________________________ 7. ______________________________

3.4 Ejercicio: Control de Estímulos

El control de estímulos significa hacer cambios concretos en su entorno para reducir la exposición a los disparadores del juego. Complete este plan de acción:

Lugares que debo evitar:

1. ____
2. ____
3. ____
4. ____
5. ____

Personas con las que no debo jugar:

1. ____
2. ____
3. ____
4. ____
5. ____

Horarios de mayor riesgo para mí:

1. ____

2. ____

3. ____

4. ____

5. ____

Cambios que puedo hacer en mi rutina diaria:

1. ____

2. ____

3. ____

4. ____

5. ____

Aplicaciones y sitios web que debo bloquear o eliminar:

1. ____

2. ____

3. ____

4. ____

5. ____

> "Más vale prevenir que lamentar."
>
> — Dicho popular hispano

Reestructuración Cognitiva

4.1 Pensamiento y Juego

Las personas con adicción al juego frecuentemente tienen **distorsiones cognitivas** — errores sistemáticos en la forma de pensar que mantienen el ciclo del juego activo. Estas distorsiones hacen que el cerebro interprete la realidad de forma incorrecta, generando una falsa sensación de control o esperanza.

Reconocer estas distorsiones es el primer paso para cambiarlas. A continuación se presentan las más comunes:

Distorsión Cognitiva	Ejemplo	Pensamiento Alternativo
Ilusión de control	"Yo puedo controlar el resultado si uso mi sistema."	"Los resultados del juego son aleatorios. Ninguna habilidad ni sistema puede cambiar las probabilidades."
Falacia del jugador	"Llevo 10 pérdidas seguidas, así que ya me toca ganar."	"Cada jugada es independiente. Las pérdidas anteriores no aumentan la probabilidad de ganar."
Pensamiento supersticioso	"Mi número de la suerte es el 7, si apuesto al 7 ganaré."	"Los números de la suerte no existen. Cada resultado es puramente aleatorio."
Sesgo de confirmación	"Recuerdo la vez que gané $500 — eso prueba que puedo ganar."	"Recuerdo las ganancias pero olvido las miles de veces que perdí. Si sumo todo, he perdido mucho más de lo que he ganado."

Distorsión Cognitiva	Ejemplo	Pensamiento Alternativo
Magnificación / Minimización	"Solo perdí $200, no es tanto." / "¡Gané $50, soy bueno en esto!"	"$200 son el dinero de la comida de mi familia por dos semanas. Cada pérdida importa."
Personalización	"Esa máquina me conoce" o "Hoy siento que es mi día de suerte."	"Las máquinas son programas de computadora. No me conocen ni saben quién soy. Los presentimientos no predicen resultados."

4.2 Hoja de Trabajo: Registro de Pensamientos

Use este registro para identificar y desafiar los pensamientos automáticos relacionados con el juego. Cada vez que tenga un pensamiento sobre jugar, complételo aquí:

Situación	Pensamiento Automático	Emoción (0-100%)	Tipo de Distorsión	Pensamiento Alternativo	Emoción Después (0-100%)

Situación	Pensamiento Automático	Emoción (0-100%)	Tipo de Distorsión	Pensamiento Alternativo	Emoción Después (0-100%)

4.3 Ejercicio: Desafiando Mis Pensamientos sobre el Juego

Cuando tenga un pensamiento que le impulse a jugar, hágase las siguientes preguntas. Escríbalas y respóndalas en su cuaderno:

1. **¿Qué evidencia tengo de que este pensamiento es verdadero?** ¿Y qué evidencia tengo de que no lo es?
2. **¿Qué le diría a un amigo cercano o a un familiar** que tuviera este mismo pensamiento?
3. **¿Estoy confundiendo un pensamiento con un hecho?** ¿Un deseo con la realidad?
4. **¿Cuál es la probabilidad real de ganar?** ¿He calculado alguna vez cuánto he perdido en total vs. cuánto he ganado?
5. **¿Qué gano realmente cuando juego?** ¿Unos minutos de emoción seguidos de horas o días de arrepentimiento?
6. **¿Qué pierdo cada vez que juego?** Dinero, tiempo, confianza, paz mental, relaciones...

7. **¿Qué quiero sentir dentro de una hora?** ¿La culpa de haber jugado o la satisfacción de haber resistido?

8. **¿Qué pensarían mis hijos / mi esposa / mi madre** si supieran lo que estoy pensando hacer?

Practique con un pensamiento actual:

Mi pensamiento sobre el juego: ____

Después de cuestionarlo, mi pensamiento alternativo es:

4.4 La Matemática del Juego

Uno de los mitos más peligrosos del juego es creer que se puede ganar a largo plazo. La realidad matemática es clara: **la casa siempre gana**. Cada juego tiene una "ventaja de la casa" (*house edge*) que garantiza que, con el tiempo, el casino obtiene ganancias y los jugadores pierden dinero.

Ventaja de la casa por tipo de juego

Tipo de Juego	**Ventaja de la Casa**	**Lo que Significa**
Máquinas tragamonedas	5% – 15%	De cada $100 apostados, el casino retiene $5 a $15
Ruleta americana	5.26%	De cada $100 apostados, el casino retiene $5.26
Blackjack	0.5% – 2%	De cada $100 apostados, el casino retiene $0.50 a $2
Lotería estatal	40% – 50%	De cada $100 en boletos, solo $50 a $60 se devuelven como premios
Raspaditos (scratch-offs)	25% – 40%	De cada $100, el estado retiene $25 a $40
Apuestas deportivas	4% – 10%	El corredor de apuestas retiene un porcentaje de cada apuesta

Si juego $50 al día...

Período	Dinero Apostado	Pérdida Esperada (10%)
1 semana	$350	$35
1 mes	$1,500	$150
6 meses	$9,000	$900
1 año	$18,250	$1,825
5 años	**$91,250**	**$9,125**

⚠ Realidad matemática

Estos cálculos asumen solo una ventaja del 10%, pero muchas personas con adicción al juego apuestan mucho más de $50 al día y juegan juegos con ventajas aún mayores. La pérdida real suele ser significativamente mayor. **No existe un sistema ni una estrategia que cambie estas probabilidades a su favor.**

Mi cálculo personal:

Yo apuesto aproximadamente $_______ por día/semana. En un año, eso equivale a $_______ apostados.

Con esa cantidad, yo podría: ____

> "No hay mal que por bien no venga — cuando decides cambiar."
>
> — Dicho popular hispano (adaptado)

Manejo de Emociones

Persona practicando mindfulness en la naturaleza, representando paz interior y bienestar

La regulación emocional es una habilidad fundamental para la recuperación.

5.1 Emociones y el Juego

Para muchas personas, el juego de azar funciona como un **escape emocional**. Cuando las emociones se vuelven abrumadoras — estrés, tristeza, soledad, aburrimiento, frustración — el juego ofrece una distracción temporal. Sin embargo, esta distracción siempre es seguida por emociones aún más intensas: culpa, vergüenza, desesperación y ansiedad por el dinero perdido.

Este es el **"tobogán emocional del juego"**:

1. **Antes de jugar:** Estrés, ansiedad, aburrimiento, soledad, tristeza
2. **Durante el juego:** Emoción, adrenalina, esperanza, escape temporal
3. **Después de jugar (ganando):** Euforia breve, seguida de deseo de jugar más
4. **Después de jugar (perdiendo):** Culpa, vergüenza, ira, desesperación, deseo de "recuperar" lo perdido
5. **El ciclo se repite:** Las emociones negativas llevan a buscar escape nuevamente en el juego

Consideraciones culturales sobre las emociones

En muchas familias hispanas y latinas, existen mensajes culturales sobre las emociones que pueden dificultar la recuperación:

- **"Los hombres no lloran":** El machismo tradicional puede presionar a los hombres a reprimir sus emociones, buscando salidas como el juego en lugar de expresar lo que sienten.

- **"Hay que ser fuerte":** La presión de parecer fuerte — especialmente como inmigrante o proveedor — puede impedir que se busque ayuda emocional.
- **"Los problemas se quedan en casa":** El estigma de hablar sobre problemas emocionales fuera de la familia puede retrasar la búsqueda de ayuda profesional.

La realidad es esta: Expresar las emociones no es debilidad — es fortaleza. Buscar ayuda no es vergüenza — es valentía. Los hombres y las mujeres más fuertes son aquellos que reconocen cuándo necesitan apoyo.

5.2 Termómetro Emocional

Aprenda a medir la intensidad de sus emociones para poder intervenir antes de que lleguen a un nivel de crisis:

Nivel	Estado	Cómo se Siente	Mi Estrategia Personal
0–2	**Tranquilo/a**	Relajado/a, en paz, sin impulsos de jugar. Funcionando bien.	
3–4	**Algo inquieto/a**	Leve malestar, pensamientos ocasionales sobre el juego, algo de nerviosismo.	
5–6	**Ansioso/a**	Malestar significativo, impulsos frecuentes, dificultad para concentrarse, tensión física.	
7–8	**Muy agitado/a**	Impulsos intensos, pensamientos obsesivos sobre el juego, dificultad para funcionar, posible irritabilidad.	

Nivel	Estado	Cómo se Siente	Mi Estrategia Personal
9–10	**En crisis**	Impulsos abrumadores, sensación de pérdida de control, posible desesperación, necesita ayuda inmediata.	

5.3 Técnicas de Regulación Emocional

1. Respiración Diafragmática (Técnica 4-7-8)

Esta técnica activa el sistema nervioso parasimpático, que calma naturalmente el cuerpo y la mente:

- Siéntese cómodamente con la espalda recta o acuéstese boca arriba.
- Coloque una mano sobre el pecho y otra sobre el abdomen.
- **Inhale** lentamente por la nariz contando hasta **4**. Sienta cómo su abdomen se expande.
- **Sostenga** la respiración contando hasta **7**.
- **Exhale** lentamente por la boca contando hasta **8**, haciendo un sonido suave de "shhh".
- Repita este ciclo **4 veces**.

2. Relajación Muscular Progresiva

Tense y luego relaje cada grupo muscular durante 5 segundos de tensión y 10 segundos de relajación:

- **Pies:** Apriete los dedos de los pies. Relaje y note la diferencia.
- **Pantorrillas:** Tense las piernas apuntando los pies. Relaje.
- **Muslos:** Presione los muslos juntos con fuerza. Relaje.

- **Abdomen:** Contraiga los músculos del estómago. Relaje.
- **Manos:** Apriete los puños con fuerza. Relaje.
- **Brazos:** Flexione los bíceps. Relaje.
- **Hombros:** Suba los hombros hasta las orejas. Relaje.
- **Cara:** Apriete los ojos y la mandíbula. Relaje.

3. Ejercicio de Conexión 5-4-3-2-1 (Mindfulness)

Cuando sienta un impulso intenso de jugar, use esta técnica de anclaje sensorial:

- **5 cosas que puedo VER** (nómbrelas en voz alta)
- **4 cosas que puedo TOCAR** (tóquelas y describa su textura)
- **3 cosas que puedo OÍR** (escuche atentamente los sonidos)
- **2 cosas que puedo OLER** (identifique olores a su alrededor)
- **1 cosa que puedo SABOREAR** (note el sabor en su boca)

4. Visualización Guiada: Mi Lugar Seguro

Cierre los ojos e imagine un lugar donde se sienta completamente seguro/a y en paz. Puede ser una playa, una montaña, la casa de su abuela, o cualquier lugar real o imaginario. Imagine los detalles: los colores, los sonidos, los olores, la temperatura. Permanezca ahí en su mente durante al menos 5 minutos.

Mi lugar seguro es: ____

5. Oración y Meditación

Para quienes valoran la espiritualidad, la oración y la meditación pueden ser herramientas poderosas de regulación emocional. No se trata de ninguna religión en particular, sino de conectar con una fuerza mayor que nos da paz y perspectiva.

6. Escritura Terapéutica

Cuando las emociones sean intensas, escriba libremente durante 10-15 minutos sin detenerse, sin juzgar lo que escribe, sin preocuparse por la ortografía o la gramática. Solo deje que las palabras fluyan. Este simple acto puede reducir significativamente la intensidad emocional.

5.4 Hoja de Trabajo: Mi Plan de Manejo Emocional

Emoción	**Señales de Alerta**	**Estrategia 1**	**Estrategia 2**	**Persona de Apoyo**
Ansiedad				
Tristeza				
Ira				
Soledad				
Aburrimiento				
Estrés				
Vergüenza				

> "Después de la tormenta viene la calma."
>
> — Dicho popular hispano

La Familia y la Recuperación

Familia en sesión de terapia, representando el apoyo familiar en la recuperación

La familia puede ser el pilar más fuerte en el proceso de recuperación.

6.1 El Impacto del Juego en la Familia

La adicción al juego no solo afecta a la persona que juega — afecta a todo el sistema familiar. En la cultura hispana y latina, donde el *familismo* es un valor central, el daño causado por el juego puede sentirse especialmente doloroso porque viola la confianza sagrada que existe dentro de la familia.

Cómo el juego afecta a la familia:

- **Tensión financiera:** Las deudas del juego pueden amenazar la estabilidad del hogar — el pago de la renta, la comida, los servicios públicos, la educación de los hijos.
- **Ruptura de la confianza:** Las mentiras, los engaños y la manipulación que acompañan al juego destruyen la confianza que tomó años construir.
- **Comunicación dañada:** El secreto y la vergüenza crean barreras de comunicación entre la pareja y los hijos.
- **Impacto en los hijos:** Los niños pueden experimentar ansiedad, tristeza, confusión, vergüenza, y un sentido de inseguridad. También tienen mayor riesgo de desarrollar problemas con el juego en el futuro.
- **Cambio de roles:** El/la cónyuge puede asumir toda la responsabilidad financiera, creando resentimiento y agotamiento.

- **Co-dependencia:** Los familiares pueden caer en patrones de co-dependencia — encubriendo, rescatando financieramente, o negando la gravedad del problema.

6.2 Hoja de Trabajo: Carta a Mi Familia

Escribir una carta a su familia puede ser un ejercicio terapéutico poderoso. No necesita entregar esta carta — puede ser solo para usted. Use las siguientes indicaciones como guía:

Querida familia:

"Quiero que sepan que..."

"Reconozco que mi juego les ha afectado porque..."

"Me comprometo a..."

"Necesito su apoyo en..."

"Les pido perdón por..."

"Lo que más deseo para nuestra familia es..."

6.3 Reconstruyendo la Confianza

La confianza se destruye rápidamente, pero se reconstruye lentamente, un día a la vez. Complete este plan de acción:

Acciones concretas que tomaré para reconstruir la confianza:

☐ 1. ____

☐ 2. ____

☐ 3. ____

☐ 4. ____

☐ 5. ____

Compromisos financieros con mi familia:

☐ 1. ____

☐ 2. ____

☐ 3. ____

☐ 4. ____

☐ 5. ____

Cómo comunicaré mi progreso a mi familia:

☐ 1. ____

☐ 2. ____

☐ 3. ____

Límites saludables que estableceré:

☐ 1. ____

☐ 2. ____

☐ 3. ____

6.4 Ejercicio: Genograma de Adicciones Familiares

Un **genograma** es un mapa de su familia que muestra patrones de comportamiento a través de las generaciones. Crear uno puede ayudarle a ver si existen patrones de adicción en su familia que hayan influido en su propia relación con el juego.

Instrucciones:

- En una hoja grande, dibuje su árbol familiar (al menos 3 generaciones: abuelos, padres, usted y sus hermanos).
- Use cuadrados para hombres y círculos para mujeres.
- Marque con la letra **"J"** a los familiares que han tenido problemas con el juego.
- Marque con **"A"** problemas con el alcohol.
- Marque con **"D"** problemas con drogas.
- Marque con **"SM"** problemas de salud mental (depresión, ansiedad).
- Use líneas continuas para relaciones fuertes y líneas cortadas para relaciones conflictivas.

Reflexiones sobre mi genograma:

¿Qué patrones observo en mi familia?

¿Cómo pueden haber influido estos patrones en mi relación con el juego?

¿Qué patrón familiar quiero romper yo?

6.5 Involucrando a la Familia en la Recuperación

La recuperación es más fuerte cuando la familia participa. A continuación se presentan formas de involucrar a su familia de manera respetuosa y culturalmente apropiada:

- **Terapia familiar:** Considere invitar a miembros de su familia a sesiones de terapia conjunta. Un terapeuta puede facilitar conversaciones difíciles en un espacio seguro.
- **Comunicación abierta y honesta:** Practique hablar sobre su recuperación con su familia de manera regular. Use frases como "Quiero compartir con ustedes cómo me siento" y "Necesito su ayuda con..."
- **Establecer límites con amor:** Pida a su familia que no le preste dinero, que no le encubra, y que sea honesta con usted cuando observen comportamientos de riesgo. Explique que estos límites son actos de amor, no de castigo.
- **Grupos de apoyo para familiares:** Recomiende a su familia grupos como **Gam-Anon**, donde los seres queridos de personas con adicción al juego pueden encontrar apoyo y comprensión.
- **Respetar la jerarquía familiar:** En muchas familias hispanas, los mayores tienen un rol especial de autoridad y respeto. Si es apropiado, considere hablar con un abuelo/a, padre/madre, o tío/a de confianza que pueda ser un aliado en su recuperación.

> "La unión hace la fuerza."
>
> — Dicho popular hispano

MÓDULO 7

Solución de Problemas y Habilidades de Afrontamiento

7.1 El Modelo de Solución de Problemas

Muchas personas recurren al juego porque se sienten abrumadas por sus problemas y no ven otra salida.

Aprender un modelo estructurado de resolución de problemas le dará una alternativa saludable y efectiva.

Paso	Acción	Descripción
1	**Identificar el problema**	¿Qué está pasando exactamente? ¿Cuál es el problema real? (No el síntoma, sino la raíz)
2	**Definir el problema claramente**	Escriba el problema en una oración específica. Por ejemplo: "Tengo una deuda de $3,000 por el juego y no puedo pagar la renta este mes."
3	**Generar posibles soluciones**	Lluvia de ideas: escriba TODAS las opciones posibles, sin juzgarlas todavía. Anote al menos 5 opciones.

Paso	Acción	Descripción
4	**Evaluar cada solución**	Para cada opción, considere los pros y los contras. ¿Es realista? ¿Cuáles son las consecuencias?
5	**Elegir la mejor solución**	Seleccione la opción más realista y con mejores resultados probables. Puede combinar varias opciones.
6	**Implementar y evaluar**	Ponga la solución en práctica. Después de un tiempo, evalúe: ¿Funcionó? ¿Necesita ajustes? Si no funcionó, regrese al paso 3.

7.2 Hoja de Trabajo: Resolviendo Mis Problemas

Elija un problema relacionado con el juego y aplique el modelo de 6 pasos:

Paso 1 — Mi problema es:

Paso 2 — Definición clara del problema:

Paso 3 — Posibles soluciones (lluvia de ideas):

a) ______________________________

b) ______________________________

c) ______________________________

d) ____

e) ____

Paso 4 — Evaluación (pros y contras de mis mejores opciones):

Paso 5 — La solución que elijo es:

Paso 6 — Mi plan de acción (¿qué haré, cuándo, cómo?):

7.3 Alternativas Saludables al Juego

Una parte esencial de la recuperación es reemplazar el juego con actividades saludables que satisfagan las mismas necesidades emocionales (emoción, conexión social, escape del estrés) de manera positiva.

Categoría	Actividades Sugeridas
Actividades Físicas	Caminar, correr, nadar, jugar fútbol o béisbol, ir al gimnasio, hacer yoga, bailar salsa o cumbia, andar en bicicleta.
Actividades Sociales	Pasar tiempo con la familia, visitar amigos que no juegan, asistir a la iglesia, voluntariado comunitario, unirse a un grupo de apoyo.
Actividades Creativas	Tocar un instrumento, dibujar o pintar, cocinar nuevas recetas, jardinería, carpintería, escribir, fotografía.
Actividades de Relajación	Lectura, meditación, paseos por la naturaleza, escuchar música, tomar un baño largo, ver películas en familia.
Actividades Productivas	Tomar clases de inglés o computación, buscar un empleo adicional, mejorar la casa, organizar el hogar, aprender un oficio nuevo.

Mis 10 actividades alternativas favoritas:

1. ____

2. ____

3. ____

4. ____

5. ____

6. ____

7. ____

8. ____

9. ____

10. ____

7.4 Hoja de Trabajo: Plan de Actividades Semanales

Complete este plan semanal con actividades saludables. Preste especial atención a los horarios que usted identificó como de alto riesgo:

Día	**Mañana**	**Tarde**	**Noche**
Lunes			
Martes			
Miércoles			
Jueves			
Viernes			
Sábado			
Domingo			

7.5 Habilidades de Comunicación Asertiva

La comunicación asertiva es la capacidad de expresar sus necesidades, opiniones y sentimientos de manera clara y respetuosa, sin ser pasivo (callarse todo) ni agresivo (atacar al otro).

Estilo Pasivo	Estilo Agresivo	Estilo Asertivo ✓
"Bueno, está bien, vamos al casino si tú quieres..."	"¡Déjame en paz! ¡Yo hago lo que quiero!"	"Gracias por la invitación, pero estoy trabajando en mi recuperación y no puedo ir al casino."
Evita el conflicto, se traga sus sentimientos, dice "sí" cuando quiere decir "no".	Ataca, culpa, grita, usa lenguaje ofensivo, no respeta al otro.	Expresa sus necesidades con respeto, usa "yo" en lugar de "tú", mantiene la calma.

La Fórmula de Comunicación Asertiva

"Yo siento [emoción] cuando [situación] porque [razón], y necesito [petición]."

Ejemplos para practicar:

- *Decir "no" a una invitación a jugar:* "Yo me siento incómodo cuando me invitan al casino porque estoy trabajando en dejar el juego, y necesito que respeten mi decisión."
- *Pedir ayuda:* "Yo me siento abrumado cuando pienso en mis deudas porque no sé cómo resolverlas solo, y necesito que me ayuden a buscar un asesor financiero."

- *Hablar con su pareja sobre finanzas:* "Yo me siento avergonzado cuando hablamos de dinero porque sé que he causado problemas financieros, y necesito que tengamos paciencia juntos mientras trabajamos en esto."

> "Quien no arriesga, no gana — pero en la recuperación, no arriesgar ES ganar."
>
> — Dicho popular hispano (adaptado)

MÓDULO 8

Recuperación Financiera

8.1 Evaluación de Daños Financieros

El primer paso para la recuperación financiera es conocer la magnitud del daño. Complete esta evaluación con la mayor precisión posible. Si no conoce las cantidades exactas, haga la mejor estimación que pueda.

Categoría	**Monto Estimado ($)**	**Detalles / Acreedor**
Deudas directas por juego (préstamos, tarjetas de crédito usadas para jugar)		
Ahorros perdidos (retiros de cuentas de ahorro para jugar)		

Categoría	Monto Estimado ($)	Detalles / Acreedor
Facturas atrasadas (renta, servicios, seguros)		
Préstamos personales pendientes (familia, amigos, prestamistas)		
Dinero prestado a otros para jugar		
Fondo de retiro (401k) o inversiones usadas para jugar		
Otras pérdidas financieras		
TOTAL ESTIMADO DE PÉRDIDAS	**$**	

8.2 Creando un Presupuesto de Recuperación

Categoría	Monto Mensual ($)
INGRESOS	
Salario / Ingresos principales	
Otros ingresos	
Total de Ingresos	**$**
GASTOS FIJOS	

Categoría	Monto Mensual ($)
Renta / Hipoteca	
Servicios (electricidad, agua, gas, internet)	
Comida / Supermercado	
Transporte (gasolina, seguro de auto, transporte público)	
Seguros (salud, vida)	
Teléfono celular	
Remesas a familiares	
PAGOS DE DEUDAS	
Pago de deuda 1: ____________________	
Pago de deuda 2: ____________________	
Pago de deuda 3: ____________________	
AHORROS	
Fondo de emergencia	
GASTOS PERSONALES	
Ropa, cuidado personal, entretenimiento saludable	
TOTAL DE GASTOS	**$**
BALANCE (Ingresos – Gastos)	**$**

8.3 Estrategias de Protección Financiera

Marque las estrategias que está dispuesto/a a implementar:

☐ Entregar tarjetas de crédito y débito a una persona de confianza

☐ Limitar el acceso a dinero en efectivo (llevar solo lo necesario para el día)

☐ Inscribirse en el programa de autoexclusión de casinos

☐ Bloquear sitios de apuestas en línea en todos mis dispositivos

☐ Establecer depósito directo de mi salario a una cuenta controlada por mi persona de confianza

☐ Pedir a alguien que maneje las finanzas del hogar temporalmente

☐ Cerrar todas las cuentas de juego en línea

☐ Cancelar membresías y programas de recompensas de casinos/clubes de juego

☐ Eliminar aplicaciones de apuestas de mi teléfono

☐ Cambiar la ruta que tomo al trabajo para no pasar por casinos o tiendas de lotería

☐ Pedir al banco que establezca límites diarios de retiro

☐ Hablar con un asesor financiero o de deudas

8.4 Hoja de Trabajo: Mi Plan de Recuperación Financiera

Mi meta financiera a 3 meses:

Mi meta financiera a 6 meses:

Mi meta financiera a 1 año:

Pasos concretos que tomaré esta semana:

1. ____

2. ____

3. ____

La persona que me ayudará con mis finanzas es: ____________________________

Recursos disponibles:

☐ Asesoría crediticia gratuita

☐ Programa de consolidación de deudas

☐ Asesor financiero

☐ Otro: _______________________________________

> "Centavo a centavo se hace un peso."

> — Dicho popular hispano

MÓDULO 9

Prevención de Recaídas

9.1 Entendiendo la Recaída

Una de las cosas más importantes que debe comprender sobre la recuperación es que **la recaída es un proceso, no un evento**. No sucede de un momento a otro. Antes de que una persona vuelva a jugar, hay señales de alerta que se pueden identificar y abordar.

Las tres etapas de la recaída:

Etapa	Señales	Qué Hacer
Recaída Emocional	Aún no está pensando en jugar, pero sus emociones y comportamientos le están preparando para una recaída: aislamiento, no ir a terapia, reprimir emociones, no dormir bien, irritabilidad.	Reconocer las emociones, practicar autocuidado, hablar con alguien de confianza.
Recaída Mental	Pensamientos sobre jugar: nostalgia por el juego, fantasear con ganancias, planear cómo jugar "solo un poquito", buscar excusas, mentir sobre dónde está.	Desafiar los pensamientos, llamar a su persona de apoyo, alejarse de la situación de riesgo.
Recaída Física	La persona vuelve a jugar. Puede comenzar con un desliz (una sola vez) que puede convertirse en una recaída completa si no se interviene.	Detenerse inmediatamente, llamar a alguien, ir a un lugar seguro, no auto-castigarse, buscar ayuda profesional.

Distinción importante

Un **desliz** (lapse) es un episodio aislado de juego después de un período de abstinencia. Una **recaída** (relapse) es un retorno sostenido al patrón de juego problemático. Un desliz NO tiene que convertirse en una recaída si se actúa rápidamente y se busca ayuda. Trate cada desliz como una oportunidad de aprender, no como un fracaso.

9.2 Señales de Alerta Tempranas

Identifique sus señales de alerta personales. Marque las que le apliquen y añada las suyas:

Señales Emocionales:

☐ Me siento más irritable o enojado/a de lo normal

☐ Estoy más ansioso/a o nervioso/a

☐ Me siento aburrido/a y sin motivación

☐ Tengo sentimientos de soledad o aislamiento

☐ Me siento abrumado/a por el estrés

☐ Otra: ______________________________________

Señales Conductuales:

☐ Estoy dejando de asistir a terapia o al grupo de apoyo

☐ He dejado de hacer mis actividades alternativas

☐ Estoy durmiendo menos o demasiado

☐ Estoy siendo menos honesto/a con mi familia

☐ Estoy guardando dinero en secreto

☐ Otra: ______________________________________

Señales Cognitivas:

☐ Pienso en el juego con nostalgia ("qué buenos tiempos")

☐ Fantaseo con ganar una gran cantidad de dinero

☐ Pienso "puedo jugar solo un poquito y parar"

☐ Busco justificaciones para jugar ("lo merezco", "es solo por diversión")

☐ Minimizo las consecuencias pasadas del juego

☐ Otra: ____

Señales Sociales:

☐ Me estoy alejando de las personas que me apoyan

☐ Estoy pasando tiempo con personas que juegan

☐ Evito hablar sobre mi recuperación

☐ Me estoy aislando de mi familia

☐ Estoy mintiendo sobre mis actividades

☐ Otra: ____

9.3 Mi Plan de Emergencia

🚨 PLAN DE EMERGENCIA — Cuando sienta impulsos de jugar

Complete este plan AHORA, mientras está tranquilo/a, para tenerlo listo cuando lo necesite.

Cuando sienta impulsos de jugar, voy a:

1. ____

2. ____

3. ____

4. ____

5. ____

Personas a las que puedo llamar:

#	Nombre	Teléfono	Relación
1			
2			
3			

Lugares seguros donde puedo ir:

1. ____

2. ____

3. ____

Frases que me ayudan:

1. ____

2. ____

3. ____

4. ____

5. ____

Línea de ayuda: 1-800-522-4700 (National Problem Gambling Helpline — disponible en español, 24/7)

9.4 Hoja de Trabajo: Análisis de Situaciones de Alto Riesgo

Para cada situación de alto riesgo, planifique cómo la enfrentará:

Situación de Alto Riesgo	**¿Qué podría pasar?**	**Mi Plan de Acción**	**¿Quién me puede ayudar?**	**Resultado Esperado**

9.5 Si Tengo un Desliz...

Si tiene un desliz y vuelve a jugar, esto es lo que debe hacer:

- **Deténgase inmediatamente.** Un desliz no tiene que convertirse en una recaída. Pare de jugar en el momento que se dé cuenta.
- **Aléjese del lugar o la situación.** Salga del casino, cierre la aplicación, camine hacia un lugar seguro.
- **Llame a alguien.** Comuníquese con su persona de apoyo, su terapeuta, o la línea de ayuda (1-800-522-4700).
- **No se castigue.** La culpa y la vergüenza son combustible para más juego. Trátese con la misma compasión que le daría a un amigo.
- **Analice lo que pasó.** ¿Qué disparó el episodio? ¿Qué señales de alerta ignoró? ¿Qué puede aprender?
- **Retome su plan de recuperación.** Un desliz no borra todo su progreso. Cada día sin jugar cuenta.
- **Proteja sus finanzas.** Si perdió dinero, tome medidas inmediatas para prevenir más pérdidas.
- **Hable con su terapeuta.** Programe una sesión lo antes posible para procesar lo sucedido.
- **Reafirme su compromiso.** Recuerde por qué decidió dejar de jugar. Piense en su familia, su salud, su futuro.

❤ Recuerde

La recuperación no es un camino recto. Hay curvas, baches y a veces retrocesos. Pero cada vez que se levanta y sigue adelante, se hace más fuerte. Un desliz es una oportunidad para aprender, no un fracaso definitivo.

> "Caer está permitido, levantarse es obligatorio."
>
> — Dicho popular hispano

MÓDULO 10

Construyendo una Vida Nueva

Personas latinas en un grupo de apoyo comunitario, representando la recuperación y la esperanza

La recuperación abre la puerta a una vida nueva llena de posibilidades.

10.1 Mi Visión de Recuperación

Cierre los ojos por un momento e imagine su vida dentro de un año, dos años, cinco años — una vida completamente libre de la adicción al juego. Responda las siguientes preguntas con el corazón:

¿Cómo se ve mi vida sin el juego?

¿Qué tipo de persona quiero ser?

¿Qué relaciones quiero tener?

¿Qué logros quiero alcanzar?

¿Cómo quiero que me recuerde mi familia?

¿Qué herencia emocional y espiritual quiero dejar a mis hijos?

10.2 Estableciendo Metas SMART

Las metas efectivas son metas **SMART**:

Letra	Significado	Ejemplo
S	**eSpecífica**	No "quiero ahorrar dinero" sino "quiero ahorrar $200 al mes."
M	**Medible**	¿Cómo sabré que la logré? "Tendré $600 ahorrados en 3 meses."
A	**Alcanzable**	¿Es realista con mis ingresos y situación actual?

Letra	Significado	Ejemplo
R	**Relevante**	¿Se relaciona con mi recuperación y mis valores?
T	**con Tiempo definido**	¿Cuándo la completaré? "Para el 31 de diciembre de este año."

Mis Metas de Recuperación

Meta a corto plazo (1–3 meses):

Pasos para lograrlo: ____

Fecha límite: ________________

Meta a mediano plazo (3–6 meses):

Pasos para lograrlo: ____

Fecha límite: ________________

Meta a largo plazo (6 meses – 1 año):

Pasos para lograrlo: ____

Fecha límite: ________________

Meta familiar:

Pasos para lograrlo: ____

Fecha límite: ________________

Meta de crecimiento personal:

Pasos para lograrlo: ____

Fecha límite: ________________

10.3 Red de Apoyo

Identifique las personas y recursos que forman su red de apoyo en la recuperación. Complete cada nivel:

MI RED DE APOYO

CÍRCULO INTERIOR — Apoyo Cercano

Nombre: _______________	Nombre: _______________	Nombre: _______________
Relación: ______________	Relación: ______________	Relación: ______________
Teléfono: ______________	Teléfono: ______________	Teléfono: ______________

CÍRCULO MEDIO — Apoyo Comunitario

Grupo de apoyo: _______	Iglesia/comunidad de fe: ___	Amigo/a de confianza: ___
Día/hora: ______________ Lugar:	Contacto: ______________	Actividad compartida: ___
_________________	Teléfono: ______________	Teléfono: ______________

CÍRCULO EXTERNO — Recursos Profesionales

Terapeuta: _____________	Asesor financiero: ______ Teléfono:	Línea de ayuda: 1-800-522-4700
Teléfono: ______________	______________	(disponible en español)
Próxima cita: ___________		

10.4 Recursos Comunitarios

Recurso	Descripción y Contacto
Jugadores Anónimos (Gamblers Anonymous)	Grupo de apoyo mutuo basado en los 12 pasos. Reuniones gratuitas y confidenciales. Disponible en español en muchas ciudades. Visite gamblersanonymous.org para encontrar reuniones cerca de usted.
National Problem Gambling Helpline	**1-800-522-4700** — Disponible 24/7, con servicio en español. Confidencial y gratuito. También puede enviar un mensaje de texto "APOYO" al 53342.
SAMHSA National Helpline	**1-800-662-4357** — Línea de referencia para servicios de salud mental y tratamiento de adicciones. Gratuito, confidencial y en español.
Gam-Anon (para familiares)	Grupo de apoyo para familiares y amigos de jugadores compulsivos. Visite gam-anon.org para reuniones locales.
National Council on Problem Gambling	Recursos educativos, herramientas de autoayuda y referencias a tratamientos en ncpgambling.org.

10.5 Mi Compromiso con la Recuperación

COMPROMISO PERSONAL DE RECUPERACIÓN

Yo, ____, me comprometo a trabajar activamente en mi recuperación de la adicción al juego de azar. Hoy tomo la decisión consciente de construir una vida nueva, libre del juego, por mi bienestar y el de mi familia.

Me comprometo a:

1. ____

2. ____

3. ____

4. ____

5. ____

Fecha: __________________________

Mi firma:

____

Firma de testigo (opcional):

____

Nombre: __________________________ Relación: __________________________

Firma del terapeuta (opcional):

Nombre: __________________________ Licencia: __________________________

____

10.6 Afirmaciones Diarias para la Recuperación

Lea estas afirmaciones en voz alta cada mañana. Elija las que más le resuenen y escríbalas en un lugar visible:

- **"Soy más fuerte que mis impulsos."**
- **"Cada día sin jugar es una victoria."**
- **"Merezco una vida libre de adicción."**
- **"Mi familia merece lo mejor de mí."**
- **"Tengo el poder de elegir diferente."**
- **"Mi valor como persona no depende del dinero."**
- **"Pedir ayuda es un acto de valentía, no de debilidad."**
- **"Estoy construyendo un futuro del que me sentiré orgulloso/a."**
- **"Las emociones difíciles son temporales — yo soy permanente."**
- **"Mi paz interior vale más que cualquier apuesta."**
- **"Hoy elijo la libertad por encima del juego."**
- **"Soy capaz de enfrentar mis problemas sin escapar en el juego."**
- **"Mi familia y yo merecemos estabilidad financiera."**
- **"Cada paso que doy en la recuperación me acerca a la vida que deseo."**
- **"No necesito la emoción del juego — encuentro alegría en cosas reales."**
- **"El dinero que ahorro es el futuro que construyo."**
- **"Confío en mi capacidad para superar este desafío."**
- **"Mi historia no termina con la adicción — apenas comienza con la recuperación."**
- **"Hoy soy una mejor versión de mí mismo/a que ayer."**
- **"La recuperación es mi regalo más valioso para quienes amo."**

> "El que persevera, alcanza."
>
> — Dicho popular hispano

Apéndice A: Registro Diario de Recuperación

Use esta tabla para hacer un seguimiento diario de su recuperación durante un mes completo. Fotocopie esta página si necesita más espacio.

Fecha	Día sin Jugar #	Ánimo (1-10)	Impulsos (Sí/No, 1-10)	Estrategia Utilizada	Actividad Alternativa	Notas

Fecha	Día sin Jugar #	Ánimo (1-10)	Impulsos (Sí/No, 1-10)	Estrategia Utilizada	Actividad Alternativa	Notas

Apéndice B: Glosario de Términos

Término	Definición
Adicción al juego / Ludopatía	Trastorno caracterizado por la incapacidad de controlar el impulso de jugar a pesar de las consecuencias negativas.
Autoexclusión	Programa voluntario en el que una persona se prohíbe a sí misma la entrada a casinos y establecimientos de juego.
Co-dependencia	Patrón de comportamiento en el que un familiar o persona cercana facilita o encubre la adicción de otra persona, a menudo a costa de su propio bienestar.
Desliz (Lapse)	Un episodio aislado de juego después de un período de abstinencia. No es lo mismo que una recaída completa.
Disparador (Trigger)	Cualquier estímulo interno o externo que provoca el deseo o impulso de jugar.
Distorsión cognitiva	Error sistemático en la forma de pensar que mantiene creencias irracionales sobre el juego, como la ilusión de control o la falacia del jugador.
Dopamina	Neurotransmisor asociado con el placer y la recompensa. El juego libera dopamina de forma intensa, lo que contribuye a la adicción.
DSM-5	Manual Diagnóstico y Estadístico de los Trastornos Mentales, quinta edición. Clasifica el trastorno por juego de apuestas como un trastorno adictivo.
Falacia del jugador	La creencia errónea de que los resultados pasados influyen en los resultados futuros en juegos de azar (por ejemplo, "ya me toca ganar").
Familismo	Valor cultural hispano/latino que enfatiza la importancia central de la familia, la lealtad y el apoyo mutuo.

Término	Definición
Genograma	Representación gráfica del árbol familiar que muestra patrones de comportamiento, relaciones y problemas de salud a través de las generaciones.
Mindfulness / Atención plena	Práctica de prestar atención al momento presente de manera intencional y sin juicio. Ayuda a manejar impulsos y emociones.
Recaída (Relapse)	Retorno sostenido al patrón de juego problemático después de un período de abstinencia o mejora.
Reestructuración cognitiva	Técnica terapéutica que consiste en identificar y cambiar pensamientos irracionales o distorsionados por pensamientos más realistas y adaptativos.
Terapia cognitivo-conductual (TCC)	Enfoque terapéutico basado en la evidencia que trabaja con la relación entre pensamientos, emociones y comportamientos para producir cambios positivos.
Ventaja de la casa (House edge)	El porcentaje estadístico que garantiza que el casino gane dinero a largo plazo, independientemente de los resultados individuales de los jugadores.

Apéndice C: Lecturas y Recursos Recomendados

Libros Recomendados

- *Cómo Dejar de Jugar: Una Guía Paso a Paso para Superar la Adicción* — Recursos disponibles a través de Jugadores Anónimos.
- *Cambiando para Bien* (basado en el modelo de cambio de Prochaska y DiClemente) — Sobre las etapas del cambio conductual.
- *La Trampa de la Felicidad* de Russ Harris — Sobre la terapia de aceptación y compromiso (ACT), aplicable a la adicción.
- *El Poder del Ahora* de Eckhart Tolle — Sobre mindfulness y vivir en el presente (disponible en español).

Sitios Web en Español

- **National Council on Problem Gambling:** ncpgambling.org — Información, recursos y referencias de tratamiento.
- **Jugadores Anónimos:** gamblersanonymous.org — Información sobre reuniones y programa de los 12 pasos.
- **SAMHSA:** samhsa.gov — Administración de Servicios de Abuso de Sustancias y Salud Mental.
- **National Institute of Mental Health (NIMH):** nimh.nih.gov — Información sobre trastornos de salud mental en español.

Aplicaciones Útiles (Apps)

- **Calm / Headspace:** Aplicaciones de meditación y mindfulness (algunas funciones disponibles en español).

- **Gamban:** Software que bloquea sitios de apuestas en todos los dispositivos.
- **BetBlocker:** Herramienta gratuita para bloquear sitios de juego en línea.
- **Aplicaciones de presupuesto:** Mint, YNAB (You Need A Budget), o aplicaciones bancarias con funciones de control de gastos.

Líneas de Ayuda

Recurso	Teléfono	Disponibilidad
National Problem Gambling Helpline	**1-800-522-4700**	24/7, en español
SAMHSA National Helpline	**1-800-662-4357**	24/7, en español
Línea Nacional de Prevención del Suicidio	**988**	24/7, en español
Texto de crisis para juego problemático	**Envíe "APOYO" al 53342**	24/7

Escena serena y pacífica de naturaleza representando paz, esperanza y un nuevo comienzo

---

Un Mensaje Final de Esperanza

Estimado/a participante:

Si ha llegado hasta esta página, ha demostrado algo extraordinario: compromiso con su propia recuperación. Cada ejercicio que completó, cada reflexión que escribió, cada momento de honestidad consigo mismo/a es un acto de valentía que le acerca a la vida que merece.

Queremos que sepa que no está solo/a en este camino. Detrás de cada página de este cuaderno hay un equipo de profesionales que creen en usted y en su capacidad de superar esta adicción. Y a su alrededor hay una familia, una comunidad y una cultura rica en fortaleza y resiliencia que le sostienen.

Habrá días difíciles. Habrá momentos de duda. Pero recuerde siempre: cada día sin jugar es una victoria. Cada pequeño paso cuenta. Y cada vez que elige la recuperación por encima del juego, está eligiendo a su familia, su paz y su futuro.

> "Recuerde: La recuperación no es un destino, es un camino. Y usted ya dio el primer paso."

Con profundo respeto y esperanza,

James Martinez, MS, LCADC, LSATP, CAADC, CASAC-II, ICGC

CEO/Stress Free Recovery LLC

Comprometidos con su bienestar y el de su familia

Línea de ayuda para juego problemático: 1-800-522-4700 (disponible en español, 24/7)